Corisandre,

Comédie-Opéra,

en III Actes,

Musique de LANGLÉ.

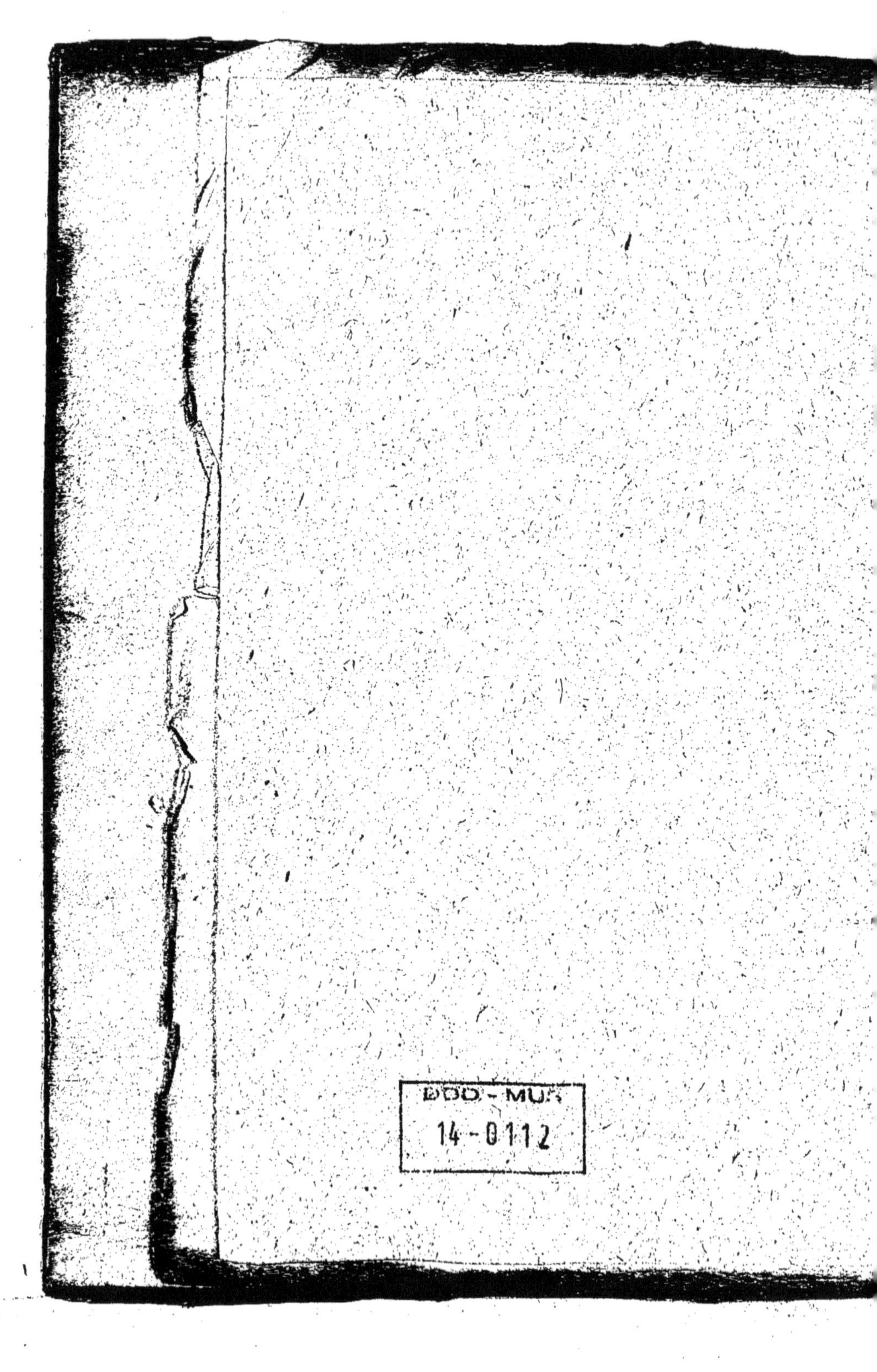

Les paroles de l'opéra
de Corisandre tel qu'il
a été représenté dans
la nouveauté sont de
Mr le Marquis de Linière

Les changemens faits dans
cet exemplaire unique
sont l'œuvre de Lebailly
(auteur d'un recueil de fables)

la musique faite pour ces changem[en]ts
a été refaite par honoré
François Marie Langlé
cette partition inédite est
déposée à la Bibliothèque
du Conservatoire de
musique

CORISANDRE,

COMÉDIE-OPÉRA

EN TROIS ACTES,

REPRÉSENTÉ

SUR LE THÉATRE

DE L'ACADÉMIE DE MUSIQUE,

Le Mardi 8 Mars 1791.

Les Paroles de M***. le marquis de Linieu
La Musique de M. LANGLÉ.

A GENEVE,

M. DCC. XCI.

ACTEURS.

FLORESTAN, | *Chevaliers François.*   M. Lainez.

ROGER, | M. Moreau.

LOURDIS, *Écuyer de Florestan.*   M. Laïs.

CHANDOS, | *Chevaliers Anglois.*   M. Chéron.

TIRCONEL, | M. Martin.

DULCINDOR, *Bachelier.*   M. Rousseau.

AGRAMANT, *Enchanteur.*   M. Chardini.

LARGAIL, *Confident d'Agramant.*   M. Leroux, c.

AGNÈS, *Dame de Florestan.*   Mll. Mullot.

DOROTHÉE, *Dame de Roger.*   Mll. Byard.

CORISANDRE, *jeune beauté, Pupille d'Agramant.*   Md. Ponteuil.

L'AMOUR.   Mll. Chameroy.

UNE DAME, *de la Cour d'Agramant.*   Mll. Burette.

UNE DAME.   Mll. Méon.

SUITE DE CORISANDRE, MAGICIENS, FOUX FARFADETS, L'AMOUR, LES PLAISIRS.

CORISANDRE.

ACTE PREMIER.

La Scène qui se passe dans une forêt s'ouvre au milieu d'une nuit obscure et d'un orage. Ce n'est qu'au commencement du Duo de la première Scène que le tems se calme, et que le jour commence à paroître ; alors les nuages, en se dissipant, laissent apercevoir au fond du théâtre l'entrée d'un vieux Château qui présente le front d'une fortification antique, dont le pont est levé. Il y a une plate-forme au-dessus de la porte du Château.

Nota. Lorsque les Acteurs deviennent foux, Florestan se croit Oreste, Roger un Sauvage, Chandos un Troubadour, Firconel un Berger de l'Astrée, et Dulcindor une jolie femme.

SCÈNE PREMIERE.

CHOEUR *(que l'on ne voit pas,)* ensuite
FLORESTAN et DOROTHÉE.

LE CHOEUR.

O ciel quelle nuit effroyable !
Faut-il périr en ces déserts ?
Une obscurité redoutable
Remplace le feu des éclairs.

DEUXIEME CHOEUR.

Ciel ! ô ciel ! ô nuit effroyable !
La foudre sillonne les airs,
Et sa lumière épouvantable
Nous montre des gouffres ouverts.

(On entend le tonnerre.)

DUO.

AGNES *(accourant dans le plus grand effroi.)*

Aux tourmens affreux de mon ame,
Quel danger vient s'unir encor ?

FLORESTAN.

Ah ! calmez l'effroi de votre ame :
Espérons un plus heureux sort.

AGNES.

Ah ! c'en est trop pour votre amante.
Quand la guerre pour vous m'allarme chaque jour,
Un nouvel effroi me tourmente,
Et le ciel rigoureux me menace à mon tour.

(Le tems se calme et le jour renaît.)

FLORESTAN.

N'écoutez plus cette frayeur mortelle.

La foudre s'éteint dans les airs,
Et nos combats qu'anime une juste querelle,
Rendront bientôt la paix à l'univers.
ENSEMBLE.
Agnès. Que le Dieu qui charme nos ames,
Florestan. Veille sur deux tendres amans !
Agnès. Que le sort respecte les flammes
Florestan. Dont brûlent les cœurs constans !
AGNES.
En quels lieux sommes-nous ?
FLORESTAN.
Si j'en crois l'apparence,
C'est ici le séjour du célèbre Enchanteur
Qui tient en sa puissance
Cette beauté, dont le regard vainqueur
Egare la raison, en soumettant le cœur.
AGNES.
Quel effroi !... quel péril extrême !
Ah ! fuyons, fuyons de ces lieux,
De Corisandre ici le charme dangereux
Pourroit nuire à nos tendres feux,
Et devenir funeste à ce cœur qui vous aime.
FLORESTAN.
Un charme plus puissant m'attache pour jamais.
Je ne crains point cet amoureux délire.
Un cœur soumis à votre empire,
Est à l'abri de nouveaux traits.

SCENE II.

LES PRÉCÉDENS, DOROTHÉE, ROGER,
DULCINDOR.

AGNES.
Dorothée, à mes vœux joignez votre prière ;
Eloignez de ces lieux l'objet de votre amour.
plus à craindre que la guerre,
Corisandre y fait son séjour.
AGNES, *à Florestan.*
A I R.
Au nom de mes tendres allarmes
Fuyez ses funestes appas ;
J'ai déjà versé trop de larmes
Sur vos dangers, au milieu des combats.
Lorsque la gloire vous appelle,
Je sais me soumettre à mon sort ;
Mais je redoute moins la mort
Que de vous trouver infidelle.
FLORESTAN.
Rassurez-vous ; nul charme, croyez-moi,

Ne peut briser la chaîne qui vous lie ;
Mais, à ce charme qu'on publie,
Je ne saurois ajouter foi.

ROGER.

J'en doute aussi... pour cacher sa foiblesse,
Quelqu'Amant de ce bruit accrédita l'erreur ;
Il est plus d'une Enchanteresse
Qui trouble la raison, en soumettant le cœur.

DOROTHÉE.

Roger, si vous brûlez de me rester fidelle,
Ah ! redoutez l'effet d'un magique pouvoir.
L'épreuve en seroit trop cruelle,
Et livreroit, hélas ! mon cœur au désespoir.

FLORESTAN.

AIR.

Que des enfers ce charme soit l'ouvrage,
C'est un motif pour l'affronter.
Un Chevalier plein d'honneur, de courage,
Connoit-il rien à redouter ?...
En invoquant celle que j'aime,
J'ai triomphé dans les combats
Je veux au nom de ses appas
Attaquer jusqu'à l'Enfer même.

AGNÈS.

Prenez pitié de l'effroi qui me presse
Et fuyez loin de ce séjour.
Ah ! ménagez, ménagez la foiblesse
D'un cœur qu'allarme trop l'amour.

DULCINDOR.

Je veux tranquiliser vos ames:
A tout événement prêt à me dévouer,
Je brave le danger, Mesdames,
Et pour votre vengeur vous pouvez m'avouer.

QUINQUE.

AGNÈS ET DOROTHÉE.	LES CHEVALIERS.	DULCINDOR.
Laissez cette aventure Partons, voilà le jour.	L'honneur veut qu'en ce jour	Je veux seul en ce jour Mettre à fin l'aventure.
Au nom du tendre amour,	Nous tentions l'aventure. Comptez sur notre amour,	Laissez agir l'amour.
Partons, je vous conjure,	Que son feu vous rassure.	Oui, ma victoire est sûre. Quel moment plein d'attraits !
Sortons de ces forêts. L'amour vous le commande.	Forçons ces murs épais. La gloire le demande.	Au fond de ces forêts, C'est moi qu'amour demande,
Quoi ! m'affliger ainsi? Ah ! quand l'amour commande, Vous bravez ainsi?	L'honneur le veut ainsi, Et sa voix nous commande De pénétrer ici.	C'est à moi qu'il commande. De finir tout ceci, De triompher ici.

(Les Chevaliers vont pour chercher une issue qui les conduisent au Château, et les Dames les suivent.)

SCÈNE III.

DULCINDOR seul.

AIR.

Aux combats que Mars vous prépare,
Volez, guerriers, remplis d'ardeur ;
J'aime ceux où Vénus répare
Les maux que fait votre valeur.
De la plus charmante ennemie
Je vais triompher en ce jour ;
Bientôt, Corisandre, à son tour,
D'amour connoîtra la folie.

SCÈNE IV.

DULCINDOR, LOURDIS.

LOURDIS accourant tout effrayé.

Seigneur, où Florestan a-t-il porté ses pas ?

DULCINDOR sans écouter Lourdis.

Quel espoir !... quelle douce ivresse !...

LOURDIS.

Peut-il donc s'éloigner, hélas !
Quand l'ennemi nous poursuit et nous presse.

DULCINDOR.

Ah ! cher Lourdis, apprends tout mon bonheur.

LOURDIS regardant de tous côtés avec effroi.

A l'instant il peut nous surprendre.

DULCINDOR.

Dans peu, je verrai Corisandre,
Et triompherai de son cœur.

DUO.

LOURDIS.

Joignons nos Chevaliers,
Le danger nous menace.

DULCINDOR.

Laissons-là ces guerriers,
Nous reprendrons leur trace.

LOURDIS.

Mais l'ennemi ?...

DULCINDOR montrant le Château.

Elle est ici.

LOURDIS.

Non, l'ennemi....

DULCINDOR.

Elle est ici
Cette beauté suprême.

LOURDIS.

Le péril est extrême.

DULCINDOR.
Chacun en l'approchant....
LOURDIS.
Profitons du moment.
DULCINDOR.
Perd la tête à l'instant.
LOURDIS.
Vous la perdez vous-même.
ENSEMBLE.

LOURDIS.	**DULCINDOR.**
Il est extravagant,	C'est un espoir charmant.
Le péril est extrême.	C'est un bonheur suprème.

DULCINDOR *appercevant les Anglois que Lourdis*
ne voit pas.

Lourdis ! Lourdis !
LOURDIS *tournant la tête du côté opposé aux Anglois.*
Je n'entends rien.

Partons , partons.
DULCINDOR *fuyant.*
Je le veux bien.

SCÉNE V.

LOURDIS, CHANDOS, TIRCONEL.
Les Anglois coupent le chemin à Lourdis.
CHANDOS.
Arrête?... quel es-tu ?
LOURDIS.
Je suis un Ecuyer.
TIRCONEL.
De quel pays?
LOURDIS.
François , servant un Chevalier ,
Dont la valeur ne le cède à personne.
TIRCONEL.
Eh ! quel est ce Château ?
LOURDIS.
Celui d'une beauté
Dont le regard fait que l'on déraisonne.
TIRCONEL.
Tu m'oses plaisanter !
LOURDIS.
Je dis la vérité ;
Voici du moins ce que l'on m'a conté.
AIR.
« Tout Noble , en voyant Corisandre,
« Perdra l'esprit au même instant,
« Et durera l'enchantement,
« Tant qu'amour ne la rendra tendre.

(8)

C H A N D O S.
Nous perdons un temps précieux,
Laissons-là ce récit frivole ;
Si ton maître est ici, dis-lui que dans ces lieux
Il peut avec Chandos se mesurer.

L O U R D I S.
                              J'y vole,
Et je réponds qu'il remplira vos vœux.

C H A N D O S.
Va, je compte sur ta parole.

S C E N E V I.
C H A N D O S, T I R C O N E L.

T I R C O N E L.
Seigneur, préparons-nous à de galants exploits,
Je sais que, suivis de leurs Dames,
Deux Chevaliers François ont paru dans ces bois ;
Et la Gloire et l'Amour vont enflamer nos ames.

C H A N D O S.
L'amour n'affecte point mon cœur.
Combattre est mon devoir, vaincre est tout mon bonheur.

A i r.
Nourri dans les champs du carnage,
Je ne respire que combats.
L'amour est pour moi sans appas ;
Il ne peut flatter mon courage.
Jamais la plus rare beauté
N'a pu me ravir un hommage.
La tendresse est un esclavage
Indigne d'un cœur indompté.

T I R C O N E L.
Je vois l'ennemi qui s'avance.

C H A N D O S.
Allons au-devant de ses pas.

S C E N E V I I.

Les Acteurs Précédens. FLORESTAN,
ROGER, AGNÈS, DOROTHÉE, LOURDIS et
D U L C I N D O R.

C H A N D O S, *aux Dames.*
Laissez-nous seuls ouvrir la lice des combats.
Comdamnés à périr, du moins qu'en votre absence,
Deux Amants trop chéris reçoivent le trépas.

F L O R E S T A N.
On connoît de Chandos la superbe arrogance ;
Mais pense-t-il intimider mon cœur ?
Tout digne Chevalier méprise un vain langage.
Noble et simple au champ de l'honneur,
Il n'est fier que par son courage.

(9)

CHANDOS *et* TIRCONEL, *mettant l'épée à la main.*
Combattons, combattons.
FLORESTAN *et* ROGER, *de même.*
Tu préviens mon défi.
Je t'invoque, ô ma noble amie!
TOUS.
Tous quatre nous jurons ici,
De vaincre ou de perdre la vie.
(*Aussi-tôt que le combat est commencé, une Dame paroît sur la plate-forme du Château au-dessus de la porte; elle est accompagnée d'un Nain qui sonne de la trompe: à ce son les Chevaliers s'arrêtent, et la Dame leur dit.*)

SCÈNE VIII.

LA DAME.

Suspendez ce combat affreux,
Chevaliers, si l'honneur aujourd'hui vous inspire.
Venez et méritez un prix plus glorieux.
Un enchantement dangereux,
Que le plus vaillant peut détruire,
Assure le triomphe au guerrier valeureux
Qu'en ces lieux le sort doit conduire.

TOUS LES CHEVALIERS.

Instruisez-nous, guidez nos pas,
Et l'honneur vous répond des efforts de nos bras.

AGNÈS ET DOROTHÉE.

Ne croyez pas à ces discours perfides,

Cher Roger, c'est un piége affreux.
Florestan,

ROGER *et* FLORESTAN *à leurs Dames.*

De l'amour les conseils timides
Gênent trop les cœurs généreux.

SCÈNE IX.

Le pont s'abaisse, les portes s'ouvrent, l'on apperçoit de vastes tours et des portiques construits dans le goût du temps.
LES AUTEURS PRÉCÉDENS, AGRAMANT,
LARGAIL.

AGRAMANT.

Fleur des guerriers, ô vous dont la vaillance
Assujettit la victoire à ses loix,
Le sort qui vous conduit au milieu de ces bois,
Menace aujourd'hui ma puissance.
Par le plus fort enchantement
Je voulois assurer le repos de ma vie.
Corisandre.   B

Le destin a prédit qu'un Chevalier puissant
        Triompheroit de mon génie;
Et pour mieux signaler sa rigueur inouie,
Il m'apprit que l'enfer méconnoîtroit ma voix,
Si tout guerrier par moi n'est instruit de ses loix.

CHANDOS.

C'en est assez, que faut-il faire?

FLORESTAN.

Commandez, les périls sont l'objet de nos vœux.

AGRAMANT.

Modérez cette ardeur guerrière,
    Bientôt, par mon ordre, en ces lieux,
Le prix de vos succès va paroître à vos yeux. *

SCÈNE X.

LES ACTEURS PRÉCÉDENS. (La suite d'A-
gramant et de Corisandre entre à la fin du morceau
d'ensemble; Corisandre paroît. Elle a des femmes à
sa suite.

AGRAMANT ET LE CHOEUR.

Voici l'aimable Souveraine
Qui soumet tout à son pouvoir.
  Il suffit de la voir
Pour porter à jamais sa chaîne.
C'est une loi, fameux guerriers,
A ses pieds laissez vos lauriers.

ENSEMBLE.

DULCINDOR et LOURDIS, aux Chevaliers.	LES CHEVALIERS.	LES DAMES.
Marchez où l'honneur vous entraîne; Suivez un si noble devoir.	Marchons où l'honneur nous entraîne, Hâtez-vous, comblez notre espoir.	Quelle douleur et quelle peine! Hélas! hélas! ils vont la voir.

(A la fin du morceau d'ensemble, Corisandre se trouve
tout près des Chevaliers qui ne l'avoient pas encore aper-
çue, parce que le Chœur la leur cachoit. Elle se place
au milieu, et promène sur eux un regard indifférent.
Ce regard opère un changement bien marqué dans leurs
attitudes. Pendant la finale, Corisandre fixe Lourdis.)

TOUS, excepté Agramant, Lourdis et Corisandre.

Ah! ciel! quel voile épais s'étend sur ce feuillage!
Des phantômes, des feux, ont rempli ce séjour.

DULCINDOR.

Ah! que d'attraits je reçois en partage.

FLORESTAN.

Ah! tout l'enfer m'environne en ce séjour.

CHANDOS.

La... la... la... la, rions et chantons tour-à-tour.

LOURDIS.

Je veux m'armer et combattre à mon tour.

TOUS.

Suivons le penchant qui m'entraîne.
De quels transports mes sens sont agités !
Je cède au pouvoir qui m'enchaîne
Au sein de ces lieux enchantés.

AGNES et DOROTHEE.

O ciel! ô malheur! on l'entraîne!
Il faut renoncer à le voir.
Quel affreux désespoir!
Florestan va briser sa chaîne.
Oui, Roger
Arrêtez, trop foibles Guerriers ;
Vous allez flétrir vos lauriers.

LE CHOEUR.

Suivez l'aimable Souveraine
Suivons
Qui soumet tout à son pouvoir.

ACTE II.

*Le Théâtre représente une Salle très-vaste du Palais
d'Agramant ; elle est remplie d'attributs magiques ; on
y voit un Trône.*

SCÈNE PREMIÈRE.

AGRAMANT, LARGAIL.

LARGAIL.

Au milieu des succès, d'où naît tant de tristesse?
Quels soupirs !... quel sombre maintién !...
Ah ! pour inspirer la tendresse,
Votre art offre plus d'un moyen.

AGRAMANT.

L'art de plaire n'est pas le mien ;
Cependant mon destin dépend de Corisandre ;
Pour un autre que moi si son cœur devient tendre,
L'aveu qu'obtiendra son amant
Détruira mon pouvoir et son enchantement.

LARGAIL.

Pourquoi de si vives allarmes,
Quand l'enfer vous prête ses armes?
Voyez ces Chevaliers dans le piége attirés ;
Florestan furieux, dans ses sens déchirés,
D'Oreste éprouve le martyre.
En femme transformé, le galant Dulcindor
Nous amuse par son délire,
Et plus extravagant encor,
Chandos dans l'avenir croit lire ;
De tels rivaux pour vous ne sont point dangereux,
Et Corisandre enfin doit se rendre à nos vœux.

AGRAMANT.

AIR.

En vain, je voudrois à moi-même
Cacher la honte de mes feux.
Ah ! de mes sens le désordre est extrême.
Un trait fatal me poursuit en tous lieux.
Qu'importe aujourd'hui mon empire
Sur la terre et dans les enfers,
Quand mon cœur lâchement soupire
Et d'un enfant porte les fers ?

LARGAIL.

Corisandre paroît ; pour vous quel doux présage !
Profitez du moment que l'amour vous ménage.

SCÈNE II.

AGRAMANT, CORISANDRE. *(Elle regarde de tous côtés ayant l'air de chercher quelqu'un.*

AGRAMANT.

Est-ce moi que cherchent vos yeux ?
Répondez, belle Corisandre.
Les vœux de l'amant le plus tendre,
Vous auroient-ils attirée en ces lieux ?

CORISANDRE *(avec distraction.)*

Non, Seigneur...

AGRAMANT *(à part.)*

Non : hélas ! toujours la même !...
(Haut.) Pour moi c'est un plaisir extrême
De vous parler de mon amour.

CORISANDRE *toujours distraite.*

Oui, vous le dites chaque jour.

AGRAMANT.

Formez-vous des desirs ? je peux les satisfaire,
Et mon cœur plein d'amour n'aspire qu'à vous plaire.

CORISANDRE.

Où sont-ils ?..

AGRAMANT.

Eh ! qui donc ?

CORISANDRE.

Tous ces nouveaux venus,
Dans ce palais je ne les trouve plus.

AGRAMANT.

Chacun à votre aspect par un charme invincible
De la raison perd l'usage à l'instant,
Mais si pour moi vous deveniez sensible,
Vous verriez finir leur tourment.

CORISANDRE.

Etre sensible ! ah ! c'est bien difficile.

AGRAMANT.

Non, si l'amour vous parle en ma faveur.

CORISANDRE.

Je ne vous entend point, Seigneur.

AGRAMANT *à part.*

Quelle froideur !... ah ! tout est inutile.

CANTABILE.

L'amour est un doux sentiment
Que j'éprouve en votre présence.
Près de vous mon cœur est content,
Mais il gémit de votre absence.
Partagez-vous ce doux transport ?
Répondez-moi.

CORISANDRE.

Non pas encor.

DUO.

AGRAMANT.

Vainement je cherche à vous plaire,
Que faut-il donc pour vous charmer ?

CORISANDRE.

Hélas ! si vous pouviez me plaire,
Je serois prête à vous aimer.

AGRAMANT.

Les plaisirs vous suivent sans cesse.

CORISANDRE.

Oh ! je m'ennuye assez souvent.

AGRAMANT.

Dans ces lieux, vous êtes maîtresse.

CORISANDRE

Et vous m'y retenez pourtant.

ENSEMBLE.

AGRAMANT.	**CORISANDRE.**
Aimez-moi belle Corisandre,	Plaisez-moi, je deviendrai tendre,
Et je puis combler tous vos vœux.	Puisque c'est l'objet de vos vœux,
Faites que l'Amant le plus tendre.	Mais hélas! je ne puis comprendre
Devienne encor le plus heureux.	Ce qu'il faut pour vous rendre
	heureux.

AGRAMANT.

Esprits soumis à mon pouvoir suprême,
Venez et servez mes desirs ;
Venez offrir à ce que j'aime,
Les dons les plus flatteurs et les plus doux plaisirs. *(Il sort.)*

SCÈNE III.

Les esprits soumis à Agramant, sous la forme de Sylphes, apportent des diamans, des guirlandes, etc.

(On danse.)

CORISANDRE, CHOEURS *chantant, dansant.*

CHOEUR.

DU tendre Amant qui vous adore,
Recevez l'hommage en ce jour;
La Nature les fit éclore
Pour servir d'offrande à l'Amour.

UNE CORIPHÉE.

Oui, oui, du couchant à l'aurore,
Les fleurs et les trésors renaissent chaque jour,
Pour celle qu'on adore ;
Pour servir d'offrande à l'amour.

CORISANDRE *regardant les diamans.*

Dieux ! quel éclat !

UNE CORIPHÉE.

Par ce brillant hommage,
Le puissant Agramant fait connoître ses feux :
De son amour, ce nouveau gage
Ne peut-il vous porter à recevoir ses vœux ?

CORISANDRE.

AIR.

En vain, du Dieu de la tendresse,
Vous me vantez les loix.
L'Amour n'a point dans son carquois
Un seul trait qui me blesse ;
Rien encor n'a pu me charmer
Dans la nature entière.
Dites-moi donc ce qu'il faut faire,
Pour trouver à l'aimer ?

PREMIÈRE CORIPHÉE.

Quoi ? L'Amour sur vous ne peut rien ?

CORISANDRE.

Mais à quel signe, enfin, connoît-on qu'on aime ?

PREMIÈRE CORIPHÉE.

Lorsqu'Agramant peint son amour,
Votre cœur répond-il au sien ?

CORISANDRE.

Mon cœur ! non, mon cœur ne dit rien.

SECONDE CORIPHÉE.

Quand il vous a peint ses alarmes,
Et qu'il s'éloigne de vos charmes,
Votre cœur en ce moment-là ?

CORISANDRE.

Est soulagé, quand il s'en va.

SCÈNE IV.

LES ACTEURS PRÉCÉDENS, LOURDIS, DULCINDOR.

DUO.

DULCINDOR, *poursuivant Lourdis.*

Je lis dans vos regards timides,
Le feu dont vous brûlez pour moi ;
Mais je crains les amants perfides ;
N'espérez pas que j'engage ma foi.

(15)
LOURDIS.
Mais laissez-moi, je vous supplie.
Vous m'obsédez en vérité.
DULCINDOR.
Bon! de l'humeur; autre folie!
Craignez de lasser ma bonté.

LOURDIS *fixant Corisandre pardevant Dulcindor;*
il dit à part.

Dieux! que d'attraits!... que de beauté!
Ah! que mon cœur est enchanté!
Je vois l'objet le plus aimable.

DULCINDOR *minaudant.*
Vous y voilà, petit sournois:
Vous me lorgnez en tapinois,
Vous me trouvez donc agréable!

LOURDIS *regardant Corisandre.*
Tout ce qu'amour fit de charmant,
S'offre à mes yeux en ce moment:
Je vois des attraits adorables.

ENSEMBLE.

DULCINDOR.	LOURDIS.
O mais, vous êtes trop galant.	Oui, oui, l'objet le plus charmant
Vous louez excessivement	S'offre à mes yeux en ce moment;
Des attraits fort peu remarquables.	Je vois des attraits adorables.

CORISANDRE *qui a beaucoup remarqué*
Lourdis, dit à ses femmes.

Qu'il me plaît!... sa présence a chassé mes ennuis.
Amusons-nous de sa folie.

(à Lourdis.)
Chevaliers, près de nous demeurez, je vous prie;
A nos jeux vous serez admis.

DULCINDOR, *à Corisandre.*
Vous attaquez, belle friponne,
Un cœur que je viens d'enflâmer,
Et cependant je suis si bonne
Que je veux vous montrer le grand art de charmer.

AIR.
Chez vous que toujours le caprice
Donne l'espoir pour un moment.
Pour charmer un amant novice,
Il faut jouer le sentiment.
De vous-même toujours maîtresse,
Chantez,
Vantez
Et l'extrême tendresse,
Et la délicatesse,
L'abandon de l'ivresse,
Sur-tout l'honnêteté,
Et puis!... et puis!... la sensibilité;
Mais, mais, que toujours le caprice
Donne l'espoir pour un moment;

Pour charmer un amant novice,
Il faut jouer le sentiment.

LOURDIS.

Vous charmez sans songer à plaire,
Et sans art vous saurez fixer.
Cet art seroit-il nécessaire,
Quand vos appas peuvent tout effacer ?

CORISANDRE.

Je n'entends rien à ce langage,
Mais vos regards me causent du plaisir.

LOURDIS.

Eh bien ! à vous servir,
Dès cet instant, pour jamais je m'engage.
Vous aimer est tout mon partage ;
Vous plaire est mon premier desir.

CORISANDRE.

Alors je sens que j'y prendrai plaisir.

SCENE V.

LES ACTEURS PRÉCÉDENTS.
FLORESTAN, *qui se croit Oreste.*

FLORESTAN.

INJUSTES Dieux ! calmez votre furie.
Pylade m'abandonne ; hélas !
Je n'attends plus que le trépas.

CORISANDRE.

Je m'effraye !.. ah ! grands Dieux !.. quelle sombre manie !

FLORESTAN à *Dulcindor.*

Quel moment !.. quel bonheur.. Dieux ! c'est Iphigénie !

DULCINDOR.

Que veut-il ?...

FLORESTAN.

Oui, c'est elle ! ô chère et tendre sœur !
J'oublie, en te voyant, les malheurs de ma vie.

DULCINDOR.

Non, laissez-moi, sortez d'erreur.

FLORESTAN.

Qu'entends-je ! ô désespoir ! ô rage ! ô sort funeste !
Quoi tu ne connois plus le malheureux Oreste ?
Tu le reconnoîtras bientôt à sa fureur.

CORISANDRE.

Il me fait mourir de frayeux.

DULCINDOR et CORISANDRE.	LOURDIS.	FLORESTAN.
O ciel ! ô ciel qui pourra nous défendre ? Qui peut, hélas ! nous tirer de ces lieux, O ciel ! ô ciel qui pourra nous défendre ?	Ne craignez rien, je saurai vous défendre. Je contiendrai ses transports furieux, J'arrêterai ses transport furieux.	Pour me venger je vais tout entreprendre, Tout va tomber sous mes coups furieux, Je vais dans mes transports affreux, Réduire ce Palais en cendre.

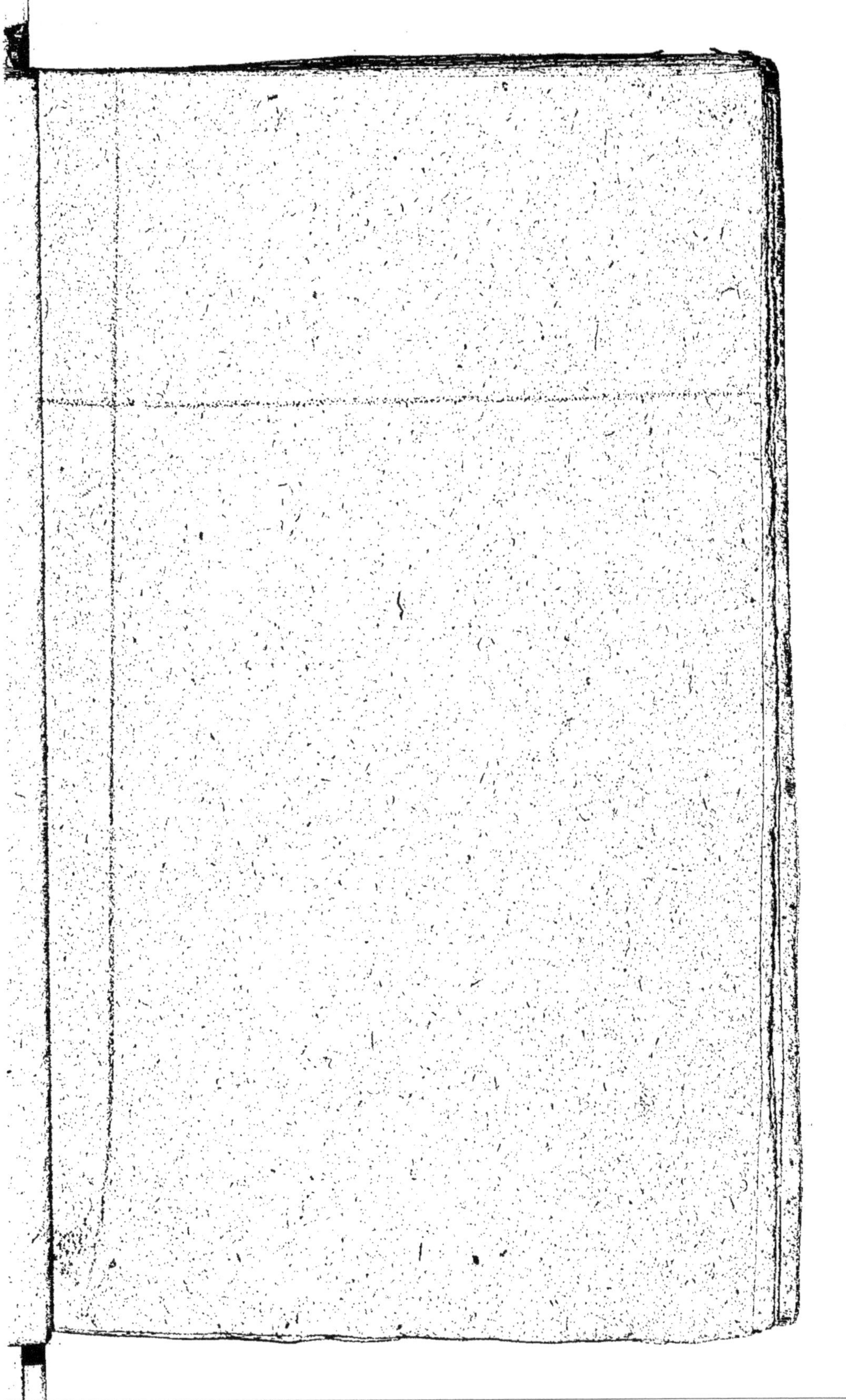

Florestan.

le jour pâlit... quel Spectre épouvante mes yeux ?
l'ombre de clytemnestre !... ah ! pardonnez, ma mère ;
je vous tuai, ce fut un moment de colère,
mais je sentois en moi le sang des demi-dieux,
et vous avez tant maltraité mon père ...
tout fuit... du phlégéton, je ne vois plus les feux ...
mais quel accablement !... à peine je respire ...
le calme enfin succède à des tourmens affreux ...
je ne me connois plus... je succombe... j'expire.

(il tombe.)

Scene VI.

Les Mêmes, chandos.

chandos.

(Couplet.)

plus d'alarmes ! plus de combats !
Que le plaisir seul nous inspire !
la bonne folie est de rire
de toutes celles d'ici bas.

plus d'alarmes & c.a ....

oui, oui, pauvres humains, tel est votre partage.
Soit, vous, ambitieux, vous extravaguez tous
et celui qu'aujourd'hui l'on met au rang des fous,
passe demain pour le plus Sage.
plus d'alarmes &c ...

chandos, en s'avançant vers Glorestan.

mais quel est ce héros dont la valeur guerrière
languit dans un honteux repos ?

Corisandre.

il a perdu l'esprit

Lourdis.

dans sa folle chimère
il se croit fils du Rois d'Argos.

Corisandre.

il dit avoir tué sa mère.

Dulcindor.

oui, père, enfants, oncles, neveux,
tous, dans cette famille, ils s'égorgeoient entre eux,
et c'est pour conserver cette race chérie,
qu'il prétend voir en moi sa sœur Iphigénie.

Finale.

Chandos, à Florestan

ah ! reprenez votre raison
on ne sauroit vivre sans elle

Dulcindor, au même

ah ! reprenez votre raison,
on ne sauroit vivre sans elle.

Lourdis, à Corisandre

Quand par vous je perds la raison
Sa perte ne m'est pas cruelle

Corisandre à Lourdis.
par vous, je sens que la raison
en mon cœur enfin se révèle

Tous, à Florestan.
ah ! reprenez votre raison ;
on ne sauroit vivre sans elle.
ah ! reprenez votre raison.

Florestan, se levant.
Quelle est donc cette illusion ?
sortez de votre erreur funeste.
en moi reconnoissez Oreste,
et reprenez votre raison.

Chandor, à Florestan.
de vos sens quel est l'abandon ?
sortez de cette erreur cruelle.

Tous, l'un à l'autre.
de vos sens quel est l'abandon ?
sortez de cette erreur cruelle.
ah ! reprenez votre raison
on ne sauroit vivre sans elle

Florestan
j'ai seul conservé la raison.
Les Autres.
non.
Dulcindor.
c'est moi seul.

Tous les Autres.
non.
chandos.
c'est moi.
Tous les Autres.
non.

Lourdis.
c'est moi seul.
Corisandre.
oui, c'est lui seul.
Tous les Autres.
non.

chandos, en montrant Florestan.
il perd la tête tout de bon.
Florestan, montrant chandos.
lui-même a perdu la cervelle.
Lourdis, de même.
Que je le plains ! plus de cervelle.
Dulcindor, à Florestan.
à la raison, je vous rappelle.
Corisandre, à chandos.
ah ! reprenez votre raison.
chandos, à Florestan.
j'ai seul conservé la raison.
Corisandre, en montrant Lourdis.
c'est lui seul.

Dulcindor.
non.
Florestan
            c'est moi Seul.
Lourdis   non.

Dulcindor
c'est moi Seul.
        Chandos
        non : c'est moi Seul.

Tous ensemble.   non.
l'un à l'autre.
ah ! reprenez votre raison &c...
        Florestan.
j'ai Seul conservé la raison.
        Lourdis.
non, c'est moi Seul.
        Dulcindor.
                c'est moi Seul.
        Chandos.   non.

Acte III.

Le théâtre représente les Jardins d'Agramant,
et son palais dans l'enfoncement.

Scène I.
Lourdis, Seul.

Tandis que l'Enchanteur jaloux,
au tombeau de Merlin va consulter l'oracle,
Corisandre en ces lieux m'a donné rendez-vous,
et je l'y verrai sans obstacle
quel bonheur doit être le mien!
pour vaincre son indifférence,
Si l'art d'Agramant ne peut rien
l'amour, entre elle et moi, s'est mis d'intelligence
et c'est un grand magicien
Sachons mettre à profit le galant tête à tête
que Corisandre enfin devienne ma conquête;
oui, prouvons qu'un simple écuyer,
souvent en pareil cas vaut mieux qu'un chevalier

Air.

Corisandre à tes loix fut trop longtems rebelle,
Amour! seconde mon dessein
à la voix d'un amant fidèle,
lorsque attendris son cœur, fais palpiter son sein.
qu'elle ne soit plus méchantée
qu'à la lueur de ton flambeau,
et que Pigmalion nouveau
j'anime une autre Galathée

Scene II.

Lourdis, Corisandre

(elle s'avance d'abord lentement et d'un air préoccupé; mais elle
ne voit pas plutôt Lourdis, qu'elle presse le pas et reste un moment
cachée derrière lui.)

Lourdis, sans la voir encore.

mais Corisandre, hélas! ne vient point.

Corisandre, d'un ton naïf et satisfait.

me voici.

Lourdis, avec transport.

ciel!... adorable Corisandre,
je puis donc librement vous voir et vous entendre?

Corisandre.

je suis venue exprès ici.

Lourdis.

vous aimer et vous plaire est mon bonheur suprême;
trop heureux si nos cœurs d'accord...

Corisandre, avec une sorte de confusion.

je ne sais que répondre
(avec curiosité.)
instruisez moi d'abord
et m'apprenez comment l'on aime?

Lourdis.

on sent un mal charmant... certain je ne sais quoi
fait qu'on veut être seul... qu'en secret, on soupire...
que l'on rêve... que l'on désire...

Corisandre, ingénuement.

bon! tout cela se passe en moi.

Lourdis.

de mille objets qu'on voit autour de soi
il en est un seul qu'on préfère...

Corisandre.
un seul ... j'entends, ce mot m'éclaire
Lourdis.
Son regard, son approche ou le son de sa voix
Vous cause un trouble involontaire.
Corisandre.
Voilà ce que je dois depuis que je vous vois.
Lourdis, à part.
aveu délicieux, qui me comble d'ivresse!
Corisandre.
et cet objet, si plein d'appas...?
Lourdis.
partout, on le cherche sans cesse;
cependant on le craint.
Corisandre.
mais je ne vous crains pas.
Lourdis, à part.
Vit-on jamais plus aimable innocence!
Corisandre, avec une impatiente curiosité.
je commence à rougir d'avoir tant d'ignorance
et cet objet, enfin...?
Lourdis.
n'est-il plus sous vos yeux?
c'est son image qu'on retrouve:
elle nous fuit, nous occupe en tous lieux.
Corisandre.
c'est encor là ce que j'éprouve.
qui cause donc ce mal?
Lourdis.
le plus jeune des Dieux,
l'amour qui, malgré son enfance,
commande sur la terre ainsi que dans les cieux
et soumet tout à sa puissance.

DUO.

Corisandre { que j'aimerois à le voir
           { ce dieu si rempli de charmes !

Lourdis { vous exercez son pouvoir ;
        { lui-même vous rend les armes.

Corisandre { ah ! qu'il doit offrir d'attraits !
           { je voudrois le voir sans cesse.

Lourdis { par les plus dangereux traits,
        { près de vous ce Dieu vous blesse.

Corisandre. L'amour est dans ce palais ?

Lourdis. Sur vos pas il est sans cesse.

Corisandre. mais je ne l'y vois jamais.

Lourdis. c'est qu'il vous suit de trop près.

Corisandre. Quoi ! l'amour me suit sans cesse

Lourdis. oui, croyez en ma tendresse

Ensemble.

Corisandre.   Lourdis.

expliquez moi donc cela ?   quand vous le sentirez là,
(imitant le geste de Lourdis)   (mettant la main sur son cœur)
quoi ! je dois le sentir là ?   vous comprendrez tout cela.
expliquez moi bien cela.   paix ! on vous l'expliquera.

Scene III.

Les mêmes, Agramant & sa Suite.
(Lourdis se retire en arrière et prête une oreille attentive.)

Agramant

l'oracle a prononcé, charmante Corisandre,
     Sur votre sort et sur le mien ;
il prédit qu'en ce jour, par le plus doux lien,
vous devez être unie à l'amant le plus tendre.
     Quand tout s'empresse dans ma cour

à vous témoigner mon amour,
au don de votre cœur j'ai seul droit de prétendre

Corisandre.
Je savais qu'à prévenir mes vœux,
Vous consacrez votre puissance
et le plaisir que je goûte en ces lieux
vous est garant de ma reconnaissance

Agramant, à part.
Voilà le changement que Merlin a promis
oracle fortuné, tu bannis mes alarmes.
je puis donc me flater, que vous trouvez des charmes
Dans ce séjour où tout vous est soumis ?

Air :

oui, toute la nature
S'embellit à mes yeux,
une clarté plus pure.
luit pour moi dans les cieux,
mon trouble est plein de charmes,
et, dans le même instant,
mes yeux versent des larmes
et mon cœur est content

Agramant.
ah ! quel bonheur ! vous, devenez sensible,
et votre cœur s'ouvre enfin au desir ?
Corisandre.
oui, tout me charme en ce séjour paisible;
à chaque instant, tout m'invite au plaisir.

Reprise de l'air en Duo.

oui, toute la nature S'embellit à { mes / ses } yeux. une clarté plus pure { luit pour moi dans les / pour elle brille aux } cieux	{ mon / son } trouble est plein de charmes et dans le même instant, { mes / ses } yeux versent des larmes et { mon / son } cœur est content

Agramant, à Lourdis qui écoutoit.
Laissez-nous et qu'ici, près de leur Souveraine,
tous ceux que ma puissance enchaîne
viennent servir à son amusement.
Lourdis, bas, à Corisandre.
il faut vous fuir. ah! quelle gêne!
nous séparer!
Corisandre, de même.
point de tourment.
je vous rejoins dans un moment.
(Lourdis, en sortant, lui indique un bosquet où il va
l'attendre et elle lui répond par un signe d'intelligence.)

Scene IV.

Les Précédans, excepté Lourdis, et 4. chevaliers.
Corisandre.
quels sont ces chevaliers? malgré leur assurance,
combien je les plains! ma présence
va causer leur égarement.
(les chevaliers s'avancent vers elle, et ne l'ont pas plutôt
vue qu'ils deviennent fous. Deux se croyent femmes et les
deux autres les prennent pour leurs maîtresses: ce qui amène un
pas de danse, d'un caractère grotesque, par lequel ils expriment
plaisamment les plaisirs & les délices de l'amour.)

Agramant, à part, après le ballet.
l'oracle s'éclaircit enfin.
leur délire est au comble; il redouble ma joie.
les insensés!.. d'un Monstre; ils vont être la proie,
aux pieds du tombeau de Merlin.

Scene V.

Les mêmes, Chandos, Dulcindor, Roger, Tirconel, chœur

Chandos.
Du Dieu d'amour, chérissons la folie,
et bannissons la raison de ces lieux.

Chœur.
Du Dieu d'amour &c . . . .

Chandos.
avec l'amour, on est heureux;
avec la raison, l'on s'ennuie

Chœur
avec l'amour &c . . . .

Scene VI.

Les mêmes, Florestan, ayant le poignard à la main.

Florestan.
ô grecs, que faites-vous? pourquoi ces chants joyeux,
lorsque je perds iphigénie?

Dulcindor, en s'éloignant.
Encor son accès de folie!

Florestan.
peut-être en ce moment, un tyran odieux
Thoas menace-t-il sa vie...
(en voyant agramant.)
mais ce Thoas cruel, ne l'apperçois-je pas?
oui, je le reconnois... perfide, tu mourras.
(il s'avance vers lui le fer levé, mais les autres l'arrêtent.)

Agramant.
l'insolent !.. punissons cette audace inouïe

Florestan.
toi, d'Oreste plutôt étouffe le ressentiment.

Corisandre, à part, en se dérobant
pour rejoindre Lonsdis, profitons du moment.

Scene VII.

Les mêmes, excepté Corisandre.

Agramant, en décrivant plusieurs cercles magiques.
Quittez le ténébreux rivage,
accourez, noirs démons, et vengez mon outrage.
Florestan, prenant Chandos par le bras.
toi, Pilade, soutiens mes droits.
Agramant.
quoi ! l'enfer est sourd à ma voix ?
et mon pouvoir... mais, ô dieu ! Corisandre elle même...
tout m'abandonne... ô rage extrême !

Morceau d'Ensemble.
ô ciel ! quel trouble me saisit !
un noir pressentiment m'agite,
la terre sous mes pas frémit,
d'effroi mon ame est interdite.
Tous les Sots.
il perd l'esprit, il perd l'esprit.
Agramant.
je sens que ma puissance est vaine.

Dans mon corps, un mortel poison
Semble couler de veine en veine

Tous les Fous.

ah! reprenez votre raison,
pourquoi cette alarme soudaine?
ah! reprenez votre raison.

Ensemble.

Agramant.	Les Fous.
Dans mon corps un mortel poison Semble glisser de veine en veine	ah! reprenez votre raison pourquoi cette alarme soudaine

(pendant ce morceau, les Fous affligent Agramant qui
achève de perdre la tête. en voulant s'en débarrasser d'un
s'avance vers la coulisse à gauche, tout à coup, on y
voit paraître le tombeau de Merlin, gardé par deux
Géants, placés de chaque côté, et par un énorme dragon,
dont la gueule est béante. le tonnerre gronde, la foudre
part. à cette apparition et au bruit qui l'accompagne,
tous les Fous se retirent à Droite. Agramant seul
est resté en face du tombeau. les Géants se sont déjà
emparés de lui, et l'ont livré au monstre qui le dévore
l'oracle étant ainsi accompli, le tombeau disparaît
et les chevaliers sortent de leur enchantement.)

Scène VIII.

Les mêmes, excepté Agramant

Tous les chevaliers.

ô ciel !

Chandos.

dieux ! quel état !.. où suis-je ?

Tirrouel.

je ne puis en croire mes yeux.

Florestan.

est-ce la fin d'un songe affreux ?

Dulcindor.

de l'amour saroit-ce un prodige ?

Tous.

l'enfer a-t-il produit cet étonnant prestige ?

(en se dépouillant des divers attributs, qui

servoient à caractériser leur folie.)

arrachons, arrachons ces vêtements honteux,

et quittons pour jamais ce séjour dangereux.

Scène IX.

Les mêmes, l'Amour, descendant sur un nuage.

L'Amour.

reconnoissez l'amour et son ouvrage ;

par lui de la raison vous recouvrez l'usage.

(Cavatine)

(Cavatine.)

nobles chevaliers, en ce jour,
il vous faut oublier la gloire.
pour mieux célébrer ma victoire,
Sacrifiez-vous à l'Amour.
      (le nuage s'emonte.)

Scène Dernière.

Les mêmes, excisandre, Lourdin, agnès et Dorothée.

(le nuage étant parvenu jusqu'au cintre, on
voit alors, au fond du théâtre, un pavillon du
Jardin, ou Lourdin est aux pieds de Lavisandre et
lui baise la main. Agnès & Dorothée sont
debout à leurs côtés.)

Hymne à l'Amour.

puissant amour (ô doux vainqueur,
tout charme cède à ton délire,
on chérit jusqu'à ta rigueur.
oui, oui, sous ton aimable empire,
on n'éprouve d'autre délire
que l'ivresse du vrai bonheur.

Fin

FLORESTAN.

Le jour pâlit... L'enfer s'ouvre à mes yeux;
J'y reconnois tous mes aïeux....
Hélas! de mes parens le tartare fourmille.
O Dieux! la cruelle famille!
Dans un affreux repas, l'un offre ses neveux,
L'autre fait égorger sa fille.
Faut-il donc tant d'horreur pour se rendre fameux!
Vous qui me tourmentez, ah! pardonnez ma mère.
A votre égard je fus par trop colère;
Mais je sentois en moi le sang des demi-Dieux,
Et vous aviez tant maltraité mon père...
Tout fuit... du phlégéton je ne vois plus les feux.
Mais quel accablement! à peine je respire...
Le calme enfin succède à des tourmens affreux...
Je ne me connois plus... je succombe... j'expire...

(Il tombe.)

SCENE VI.

LES MÊMES, CHANDOS.

CHANDOS.

Plus d'allarmes, plus de combats!
Que le plaisir seul nous inspire.
La bonne folie est de rire
De toutes celles d'ici bas.
Eh! que m'importe Charle, avec ses fantaisies?
La tendre Agnès et sa beauté,
Et Jeanne et sa virginité,
La superbe Albion et sa férocité?...
Ce ne sont là que des folies.
Rois avec vos grandeurs,
Bergers et vos fadeurs,
Orateurs dans vos tribunes,
Astronomes et vos lunes,
Amans et vos plats couplets,
Graves docteurs et vos sornettes,
Beaux esprits et vos bleuettes,
Conseillers et vos arrêts,
Chez vous tous la folie abonde,
Et dans un jour de gaîté,
La nature vous mit au monde
Pour mes menus-plaisirs et ma félicité.
Mais du haut des célestes sphères,
Quelle Muse descend vers moi!
C'est l'auguste Clio, c'est elle que je voi,
Et qui de l'avenir m'annonce les mystères!
Quel immense horison s'offre à mes yeux surpris!
Je vois dans ce tableau tous les peuples amis,
Réunis pour s'aider, et non pour se détruire.
Entre eux les rangs sont confondus;
Corisandre.

C

Ils ne connoissent plus d'empire
Que celui des talens, et sur-tout des vertus.
Là, je vois se changer, pour le bien de la France,
L'antre de la chicane, en tribunal de paix.
Thémis n'a plus en main qu'un poids, qu'une balance.
O prodige! elle rend la justice sans fraix.
Du Parnasse plus loin, je contemple les restes.
    Combien de Poëtes sensés,
      D'Académiciens modestes,
      Et d'Auteurs désintéressés.
Ah! des événemens qui nous gouvernent tous,
      Tel est le bizarre assemblage;
Celui-là qu'aujourd'hui l'on met au rang des fous,
      Passe demain pour le seul sage.
FLORESTAN, *sortant de son assoupissement.*
    Destin cruel! ô malheur effroyable!
      La mort m'a ravi mon ami...
      Ma sœur me méconnoît aussi...
Achève, et prend ma vie, ô ciel inexorable!
      CORISANDRE.
Je frémis... Agramant! venez nous secourir!...

SCENE VII.

LES PRÉCÉDENS, AGRAMANT.
    CORISANDRE *à Agramant.*
AH! Seigneur, que votre puissance
Enchaîne des fureurs qu'on ne peut contenir.
    FLORESTAN *à Agramant.*
    Cruel Thoas, tu veux me voir mourir!
    Viens, je me livre à ta vengeance;
Tu vois en moi, Thoas, le sang du Roi des Rois;
    D'Agamemnon, tu vois tout ce qui reste,
Ah! rends Iphigénie au malheureux Oreste.
La Grèce doit armer pour soutenir mes droits.
    CHANDOS.
    Rendez Clio plus docile à ma voix;
Chandos, Eh bien! Qu'ordonnez-vous?
Florestan, Qu'ordonnes-tu?
    AGRAMANT.
                            Silence...
Et qu'à l'instant, l'on parte de ces lieux.
    FLORESTAN et CHANDOS.
    Non, non, tyran impérieux,
CORISANDRE et SES FEMMES.
    O ciel! ils lui font résistance.
    AGRAMANT.
    Eh quoi! ces fous audacieux
    Oseroient braver ma puissance!...
    Esprits! accourez en ces lieux,
    Et chargez-vous de ma vengeance.

Le tonnerre gronde, le dragon et les crocodils jettent des flammes,
des Lutins entrent de tous côtés sur la Scène qui est obscure; ils
combattent les Chevaliers qu'ils entraînent enfin hors du Théâtre.
Les Femmes et Dulcindor sortent.

SCÈNE VIII.
AGRAMANT, FLORESTAN, CHANDOS, LOURDIS, LES LUTINS, CHŒUR.
AGRAMANT *avec ses Lutins.*

Soumettez-vous à ma puissance;
Cédez au pouvoir des enfers.
Trop inutile résistance !
Vos coups se perdent dans les airs.

LES CHEVALIERS.

De l'enfer bravons la puissance.
Combattons ces monstres divers :
Hélas !... trop vaine résistance !
Nos coups se perdent dans les airs.

CHŒUR GENERAL.

Soumettez-vous à sa puissance.
Cédez au pouvoir des enfers.
Trop inutile résistance !
Vos coups se perdent dans les airs.

(On combat, les Esprits chassent enfin les Chevaliers
hors de la Scène, ce qui finit l'Acte.)

ACTE III.

Le Théâtre représente un Souterrain qui renferme le
Tombeau de Merlin. La Caverne est éclairée par des
Lampes antiques, à la lueur desquelles on aperçoit
divers Attributs magiques.

SCÈNE PREMIÈRE.
AGRAMANT, LARGAIL, CHŒUR, DE MAGICIENS.
AGRAMANT à *Largail.*

Suis-moi, de l'avenir perçons l'obscurité.
Un noir pressentiment vient affliger mon ame,
Peut-être j'apprendrai le destin de ma flâme
Dans cet asyle redouté.

LARGAIL.

Quel est donc ce Tombeau, cette Caverne sombre ?
Pourquoi venir troubler l'asyle de la mort ?

AGRAMANT.

De Merlin, en ces lieux, je viens consulter l'ombre :
Je suis impatient de connoître mon sort.
(Au Chœur.) Déployons nos charmes terribles,
Des ombres troublons le séjour,
Et que l'enfer, dans ces gouffres horribles,

Entende retentir les plaintes de l'amour.
(Au bruit d'une marche lugubre, le Chœur des Magiciens fait des Cérémonies magiques.)

ÉVOCATION.

Des bords du ténébreux rivage,
Merlin, daigne entendre nos vœux.
Fais que pour le bonheur d'un sage,
La nuit de l'avenir se dissipe à mes yeux !

AGRAMANT.

Sage Merlin, ombre sacrée !
Daigne éclaircir le sort de mon amour ;
Corisandre, par moi constamment adorée,
N'a point à ma tendresse accordé du retour.
Dois-je sortir d'un état si pénible,
Et la voir aimer à son tour !
Où doit-elle à mes vœux demeurer inflexible ?

(Ici des flammes brillent autour du tombeau ; et Agramant inspiré continue...)

Qu'entends-je ? le sage Merlin,
Merlin va prononcer les arrêts du destin !
Une sainte frayeur m'annonce sa présence,
La terre autour de moi frémit,
Et des sons effrayans ont troublé le silence
De l'éternelle nuit.

LE CHŒUR.

Doit-il sortir d'un état si pénible,
Et la verra-t-il s'attendrir ?

L'ORACLE.

» Corisandre aujourd'hui doit devenir sensible,
» Et ton destin va s'accomplir.

LE CHŒUR *à Agramant.*

O jour heureux ! ô favorable Oracle !
Quel sort propice il vous fait entrevoir !
A vos desirs rien ne met plus obstacle.
Livrez-vous au plus doux espoir.

AGRAMANT.

Dois-je me livrer à l'espoir ?

LARGAIL.

Livrez-vous au plus doux espoir.

(Le Théâtre change, et représente les Jardins d'Agramant. Il y a un but d'arc. Corisandre et ses femmes arrivent l'arc à la main. Corisandre a l'air préoccupé, et ne chante point jusqu'à l'arrivée de Lourdis.)

SCENE II.

CORISANDRE *et ses* **FEMMES,** *ensuite*
LOURDIS.

CHŒUR *de Femmes.*

Dans les beaux jours de l'âge heureux,
Le plaisir vole sur nos traces.
La gaîté préside à nos jeux,

Embellis par les graces.

(Avant l'arrivée de Lourdis, Corisandre a essayé de lancer un trait qui n'a point porté. Lourdis vient doucement derrière elle. Pendant qu'elle en prépare un second, et que le Chœur chante, il lui prend les mains, et dirige le trait donné par l'Amour, qui va frapper le but.)

LOURDIS.

Quel bonheur d'enflammer
Une beauté qui nous est chère!
Mais quel tourment d'aimer,
Sans avoir l'art de plaire!

D u o. *Ici le ton de Corisandre, quoique naïf encore, devient plus significatif.*

CORISANDRE.

Je vous dois tout mon succès.
C'est le fruit de votre adresse.

LOURDIS.

Par de plus dangereux traits,
Près de vous l'amour nous blesse.

CORISANDRE.

L'amour est-il dans ce Palais?

LOURDIS.

Près de vous il est sans cesse.

CORISANDRE.

Mais je ne l'y vois jamais.

LOURDIS.

C'est qu'il vous suit de trop près.

CORISANDRE.

Quoi! l'amour me suit sans cesse?

ENSEMBLE.

CORISANDRE.	LOURDIS.
Expliquez-moi donc cela,	Quand vous le sentirez là,
Quoi! je dois le sentir là.	Vous comprendrez tout cela.
Expliquez-moi bien cela.	*(Apercevant Agramant.)*
	Paix, on vous l'expliquera.

SCENE III.

LES ACTEURS PRÉCÉDENS. AGRAMANT, *Lourdis se retire un peu en arrière avec les Femmes.*

AGRAMANT.

J'AIME à vous voir, charmante Corisandre!
A ces paisibles jeux employer vos loisirs;
A chaque instant varier vos plaisirs,
Est le vœu du cœur le plus tendre.

CORISANDRE.

Je sais qu'à prevenir mes vœux,
Vous consacrez votre puissance;
Et le plaisir que je goûte en ces lieux,
Vous est garant de ma reconnoissance.

AGRAMANT, *à part et charmé.*
Quel changement!.... Merlin tu le promis.

Oracle fortuné ! tu bannis mes allarmes.
(*haut.*)
Je peux donc me flatter que vous trouvez des charmes
Dans ce séjour où tout vous est soumis ?

CORISANDRE.

AIR.

Oui, toute la nature
S'embellit à mes yeux ;
Une clarté plus pure,
Luit pour moi dans les cieux ;
Mon trouble est plein de charmes,
Et, dans le même instant,
Mes yeux versent des larmes,
Et mon cœur est content.

Oui, toute la nature, etc.

SCÈNE IV.

LES PRÉCÉDENS, DULCINDOR.

DULCINDOR à *Lourdis.*

JE retrouve en ces lieux l'esclave de mes charmes
O vous, dont le cœur enchanté,
Ce matin, m'a rendu les armes,
Ne vaincrez-vous jamais votre timidité ?
(*Pendant tout le reste de cette Scène, Lourdis adresse
la parole à Corisandre, lorsqu'Agramant détourne les
yeux, et à Dulcindor, dès qu'Agramant le regarde.)*

LOURDIS.

A celle que mon cœur adore
Je brule d'offrir tous mes vœux.

DULCINDOR *en minaudant.*

Eh ! pourquoi donc, méchant, n'avez-vous fait encore
Parler que vos soins et vos yeux ?

LOURDIS.

CANTABILE.

Le feu constant qui me dévore
Doit se renferme dans mon cœur.
Les yeux de celle que j'adore
Doivent seul lire mon ardeur.
Amour, tu sais si, de mon âme,
Je cache les brulans désirs ;
L'écho même ignore ma flâme,
Et ne redit point mes soupirs.

DULCINDOR à *Agramant.*

Il m'adore, la chose est claire.
Il est modeste, il est charmant.

LOURDIS.

Auprès de celle qui m'est chère
Je redoute un rival puissant.

AGRAMANT *à Corisandre.*
O ceci devient très-plaisant,
Il redoute un rival puissant.
CORISANDRE.
J'entends bien un rival puissant.
AGRAMANT *à Corisandre.*
Que cette folie est charmante !
CORISANDRE.
Oui, je la trouve intéressante.
LOURDIS.
Vous voyez bien mon embarras ?
DULCINDOR.
Allons, fi donc, ne trembliez pas.
AGRAMANT.
Ah ! qu'il me plaît, son embarras !....
CORISANDRE.
Oh ! j'entends bien son embarras.
ENSEMBLE.

CORISANDRE *à part.*	AGRAMANT.
Comme il exprime sa tendresse,	Que ce spectacle m'intéresse !
Hélas! je plains bien son tourment.	Qu'il plaît à mon ressentiment.
Mon cœur charmé de son adresse,	Puissé-je voir durer sans cesse
Se livre à ce doux sentiment.	Et leur délire et leur tourment.
DULCINDOR, *à part.*	LOURDIS *à part.*
Avec quelle délicatesse	Amour, protège ma tendresse,
Vous exprimez le sentiment.	Tu vis ma crainte et mon tourment.
Si je ne craignois la tendresse,	Eclaire celle à qui j'adresse
Vous me toucheriez surement.	Des vœux si purs, un feu constant.

AGRAMNT *à Lourdis.*
Laissez-nous et qu'ici près de leur souveraine,
Tous ceux que mon pouvoir enchaîne
Viennent servir à son amusement.
LOURDIS *à part à Corisandre.*
Il faut vous fuir.
CORISANDRE *à Lourdis avec expression.*
Pour un moment,
AGRAMANT *à Dulcindor qui lui fait des mines.*
Eloignez-vous.
LOURDIS *à part.*
Ah ! quelle gêne !
Nous séparer !
CORISANDRE.
Pour un instant.

SCÉNE V.

AGRAMANT, CORISANDRE.

*La Folie et sa suite arrive sur la Scène, et successivement
pendant le chœur suivant. Le délire est au dernier point.
La Folie secoue ses grelots, Corisandre, toujours di-
rigée par l'Amour, sort portée sur un nuage, monte vers*

Le milieu du Théatre ; il lance une Flèche sur Corisan-
dre qu'on ne voit pas encore , défait son habit, laisse
voir l'Amour , et jette son habit sur l'Enchanteur , la
foudre part, le rocher couvre Agramant et se change en
Tombeau , les nuages descendent ; lorsqu'Agramant
disparoît l'on apperçoit Lourdis aux genoux de Cori-
sandre et lui baisant la main: Ils sont l'un et l'autre
dans un pavillon de jardin , au même instant tous les
Foux reprennent leur raison.

SCENE VI.

LES PRÉCÉDENS, CHANDOS, DULCINDOR,
FLORESTAN, ROGER, TIRCONEL.

CHANDOS.

Du Dieu d'amour chérissons la folie,
Et banissons la raison de ces lieux.
Avec l'amour on est heureux;
Avec la raison l'on s'ennuie.

CHEVALIER.

Du Dieu d'amour etc.

FLORESTAN et ROGER.

O dieux ! où retrouver le calme de mon cœur ?
Appaise, noir démon , ta fureur qui me tue.

DULCINDOR.

Je ne vois nul amant s'attendrir à ma vue
Et je succombe à ma langueur.

AGRAMANT.

De mon pouvoir l'ascendant les enchaîne.
Que leurs tourmens ont pour moi de douceur !
En faisant triompher ma haine,
Ils me promettent le bonheur.

CHOEUR.

Du Dieu d'amour , etc.

TOUS.

O Ciel ! ô ciel !

CHANDOS.

Quel état ? quel outrage !

TIRCONEL.

Je ne puis en croire mes yeux.

DULCINDOR.

De l'Amour est-ce là l'ouvrage ?

FLORESTAN.

Est-ce la fin d'un songe affreux ?

TOUS.

L'enfer a-t-il produit ce prestige odieux ?
Arrachons, arrachons ces vêtemens honteux,
Et quittons pour jamais ce séjour dangereux.

SCENE VII.

LES PRÉCÉDÉNS, L'AMOUR.

L'AMOUR.

Reconnoissez l'Amour et son ouvrage ;
Par moi de la raison vous retrouvez l'usage,
Chevaliers, il faut, en ce jour,
Oublier un moment la gloire.
Pour mieux célébrer sa victoire
Sacrifiez Mars à l'Amour.

(L'Amour remonte et laisse voir en s'élevant un Palais merveilleux, au fond duquel est un trône, où sont assis Corisandre et Lourdis. Agnès et Dorothée sont debout à leurs côtés. Le fond et les côtés de la scène sont remplis par des Sylphes, des Seigneurs et différens costumes françois.)

SCÈNE DERNIÈRE.

TOUS LES ACTEURS.

HIMNE.

Puissant Amour ! ô doux vainqueur !
Tout charme cède à ton empire ;
On est heureux dès qu'on soupire ;
On chérit jusqu'à ta rigueur.
Oui, oui, sous ton aimable empire,
Nous ne craignons d'autre délire
Que l'ivresse du vrai bonheur.

FLORESTAN à *Agnès.*

Me pardonnez-vous vos alarmes ?

ROGER à *Dorothée.*

Comment m'excuser près de vous ?

AGNES et DOROTHEE.

Ah ! ces momens remplis de charmes
Ne sont pas faits pour le courroux.

LOURDIS à *Corisandre.*

N'est-ce point une erreur de croire
A l'excès du bonheur que j'éprouve en ce jour.

CORISANDRE à *Lourdis.*

Ne doutez point d'une victoire
Que vient de garantir l'Amour.

LES FEMMES.

Vive à jamais l'Amour.

LES CHEVALIERS.

Vive à jamais la gloire.

TOUS.

Puissant Amour, etc.

(On danse.)

FIN.

SCÈNE VII.

LES PERSONNAGES, DAMON.

[heavily degraded verse]

SCÈNE DERNIÈRE.

[LES PERSONNAGES].

31603603

désinfection bnf 2001

www.ingramcontent.com/pod-product-compliance
Ingram Content Group UK Ltd.
Pitfield, Milton Keynes, MK11 3LW, UK
UKHW022206070726
13613UKWH00003B/1480